GESTIÓN DEL DESEMPEÑO

TRABAJADORES CENTRADOS EN PRINCIPIOS Y LOGROS
TRABAJADORES DUEÑOS DE LA INSTITUCIÓN

AUTOR: DR. ANTONIO JOSÉ CORDERO TROCONIS

2

SOBRE EL AUTOR

Antonio José Cordero Troconis, es psicólogo egresado de la Universidad Rafael Urdaneta, cursó la maestría en Orientación de la Universidad del Zulia y posee un Doctorado en Ciencias, mención: Gerencia de la Universidad Rafael Belloso Chacín. También cursó estudios de teología en el Seminario "José Sacramento Cobos". Desde niño se destacó como predicador infantil de la Iglesia de "La Cruz" en Maracaibo. Ha sido misionero a nivel internacional y nacional, Pastor, director de Adoración, Consultor Organizacional en el área del Talento Humano y Desarrollo Personal, Psicólogo Educativo y Profesor Universitario. Ha compuesto muchos temas musicales, y los libros "Sentido: poesía reflexiva", "Gestión del Desempeño" y "Ten el Valor de amar".

Contactos:

Estamos disponibles para conferencias, predicación y talleres.

- Facebook: https://www.facebook.com/antoniojcordero
- Twitter: https://twitter.com/ANTONIOJCORDERO
- https://soundcloud.com/antonio-jose-cordero-troconis
- https://www.youtube.com/user/antoniojcordero
- www.amazon.com/author/antoniocordero

A MI SEÑOR Y REY

A MI PASTOR JOSÉ INCIARTE QUIÉN ME ENSEÑÓ EL AMOR POR LA PALABRA

A MIS PADRE ANTONIO CORDERO QUIÉN ME ENSEÑÓ INTEGRIDAD

A MI MADRE MARTA DE CORDERO QUE ME ENSEÑÓ DISCIPLINA

A MI ESPOSA GIANELA DE CORDERO QUIEN SE MANTIENE A MI LADO

A MIS HIJOS GABRIEL Y SUSAN QUIENES ME MOTIVAN A SEGUIR LUCHANDO

4.- NORMATIVA PARA EL PROCESO DE GESTIÓN DEL DESEMPEÑO
INTRODUCCIÓN:

UN ENFOQUE UNIFICADOR DE LA GESTIÓN DEL DESEMPEÑO.

"Qué es lo que fue? Lo mismo que será. ¿Qué es lo que ha sido hecho? Lo mismo que se hará; y nada hay nuevo debajo del sol." (Proverbios 1:9)

Existe un principio que es básico en el estudio de los procesos de desarrollo evolutivo humano, el cual reza de la siguiente manera: "Las etapas de desarrollo no se superan, por el contrario se integran". El significado de esta afirmación tiene que ver con el hecho de que los seres humanos cuando alcanzan un avance que les permite llegar a una etapa de desarrollo superior, no olvidan las capacidades que han adquirido en momentos previos de su crecimiento, debido a que la aplicación de las antiguas capacidades es necesaria para lograr el pleno perfeccionamiento de las nuevas.

Aplicando lo dicho al caso de la Gerencia y más específicamente a la Gestión de Recursos Humanos y a su vez a la Gestión del Desempeño, es posible observar la manera en que a lo largo de la historia han venido produciéndose cambios progresivos y nuevas teorías que plantean diversos enfoques "revolucionarios". Dichas posturas pretenden explicar de manera más eficaz que las anteriores, las razones por las cuales los seres humanos pueden alcanzar un comportamiento apegado plenamente a los requerimientos de la organización.

Sin embargo, toda nueva postura teórica suele incluir y fundamentarse de alguna manera en los planteamientos que han sido ofrecidos por las anteriores, aún cuando los nuevos aportes que estas ofrezcan sean tan significativos que den la apariencia de que todo es absolutamente nuevo. Por otra parte, también ocurre que una postura puede ser tan cerrada a otras posiciones, que tiende a perder de vista todo un sector de la realidad por haberse enfocado únicamente en uno de sus aspectos.

Sobre la base de lo dicho se hace imprescindible que el profesional a cargo de la Gestión de los Recursos Humanos, evite caer en el engaño de las recetas infalibles producto de la tendencia de moda y que adquiera el suficiente criterio como sopesar las diversas realidades, manteniendo la apertura teórica y paradigmática, necesaria para no desechar ninguna postura "a priori" sin antes haber llevado a cabo un diagnóstico apropiado de las necesidades específicas de la organización sobre la que pretende intervenir y de haber hecho una revisión de lo que cada punto de vista tiene que ofrecer para los diversos requerimientos que han sido descubiertos.

Tales planteamientos tienen especial validez si se toma en cuenta que el entorno organizacional actual se encuentra sujeto a cambios vertiginosos, los cuales ocurren en todos los órdenes sistémicos. El entorno político, económico, tecnológico y social global se encuentra en transformación acelerada y continua, yendo hacia direcciones que son difíciles de prever muchas veces aún por los sociólogos, gerentes, psicólogos organizacionales, economistas, líderes e investigadores más destacados. De manera que mantener un cerco teórico inflexible es un desafío casi imposible, si verdaderamente se desea sobrevivir y tener éxito ante las condiciones descritas.

"Examinadlo todo; retened lo bueno." (1Tesalonicences 5:21)

En resumen, lo importante es tener el manejo teórico y técnico necesario para construir un modelo capaz de integrar diversas posturas de acuerdo a las necesidades reales diagnosticadas, integrando y no desechando, los avances que en esta materia han sido alcanzados a lo largo del tiempo y venciendo la mentira dicha miles de veces, de que existen soluciones universales, infalibles y aplicables a cuanta situación se nos venga en gana; a la par del esquema que presenta a aquellas otras que por no estar de moda, simplemente no sirven para nada, ya sea porque aún son muy nuevas como para ser respetadas por la comunidad científica o son muy viejas como para ser recordadas.

No se trata en todo caso de hacer un pastel con ingredientes incompatibles, sino de diseñar un traje práctico y verdaderamente a la medida de su usuario (tayloring), labor que de alguna manera se ha pretendido llevar a cabo en este trabajo. Sin embargo, el lector ducho en el tema, posiblemente note que haya una postura o dos que poseen preponderancia y que en cierta forma constituyen su espina dorsal, toda vez que su uso ha sido considerado más necesario en virtud de lograr los resultados esperados.

Por último, es menester añadir que la Institución Universitaria es capaz de incorporar al menos en muchos de sus empleados, los principios de la investigación acción, con lo cual no se buscaría desvirtuar la labor que cada uno desempeña asignándoles funciones investigativas que corresponden a otros profesionales especializados; por el contrario, el propósito estaría encausado a aprovechar la experiencia cotidiana del trabajador, quién en su día a día, puede ser capaz de encontrar soluciones nuevas y eficientes a problemas diversos, empleando para ello el pensamiento creativo.

El registro y aprovechamiento apropiado de tales soluciones, deviene en la generación de nuevo conocimiento teórico y técnico, lo cual contribuye con el cuerpo científico dentro de la disciplina en la que los trabajadores se desempeñan. De manera que en consecuencia, se promueve una gestión exitosa del conocimiento y del talento de la organización, una vez que los descubrimientos y experiencias que los trabajadores obtienen en su labor cotidiana son puestos a la disposición de toda la comunidad universitaria.

Dr. Antonio José Cordero Troconis.

1. LA NECESIDAD DE UNA EVALUACIÓN DEL DESEMPEÑO

De acuerdo con Grote (2002), para toda organización que sea bien constituida, un sistema de Evaluación del Desempeño es la herramienta administrativa más importante de todas ya que ningún otro proceso posee una influencia tan significativa sobre la carrera de los individuos y sobre su vida laboral. De igual forma, si dicho sistema es empleado apropiadamente, servirá para lograr que los trabajadores se identifiquen plenamente con la misión, visión y valores de la Institución a la que pertenecen.

En este mismo orden de ideas, debe añadirse que de acuerdo con lo dicho por Domeyer (2005a), un proceso de Evaluación del Desempeño adecuado puede producir amplios beneficios para toda organización, de hecho, puede llegar a ser un elemento fortalecedor de la relación supervisor-trabajador y animar a los miembros de la organización a alcanzar la plenitud de su potencial, lo cual será posible, toda vez que el supervisor pueda manejar la comunicación de forma apropiada, haciendo sentir al trabajador que sus preocupaciones han sido escuchadas.

Por otra parte, esta necesidad ha estado presente por mucho tiempo, de hecho Rosenbaum (1986) afirma que de acuerdo con la American Management Association, ya antes de 1983, una de las principales fuentes de tensión de los ejecutivos era la falta de una retroalimentación adecuada sobre el Desempeño de cada uno en el trabajo, lo cual generaba una sensación de vacío ante la incertidumbre provocada por la falta de conocimiento fidedigno en cuanto la labor propia.

El anterior señalamiento posee igual validez en la actualidad, a la luz de lo referido por Lemaire y Reissman (2002), quienes luego de haber realizado una investigación sobre este tópico para "Hay Group"; llegaron a la conclusión de que la razón por la que una organización que realiza el levantamiento de un buen plan y lleva a cabo una estrategia adecuada para comunicarlo a todos sus miembros, pero no logra que este se lleve a cabo de forma satisfactoria, es una pobre administración del Desempeño del personal, lo cual necesariamente incluye el seguimiento continuo al comportamiento de los trabajadores a través de un sistema de Evaluación del Desempeño.

De acuerdo con Parkinson (2003), el siguiente punto que debe ser estudiado e implementado en toda organización, luego de haber reclutado y seleccionado a su personal, es la búsqueda del mejor Desempeño posible por parte de cada trabajador. En tal sentido, la Gestión del Desempeño juega un papel fundamental, debido a que permite ofrecer información de relevancia sobre la labor individual, sin la cual es imposible tomar acciones apropiadas para el mejoramiento continuo del trabajador.

2. LA OBJETIVIDAD DE LA EVALUACIÓN.

Muchas personas detractoras de los procesos de evaluación han argumentado que aunque los evaluadores traten de evitarlo, es imposible para ellos no introducir sesgos en sus apreciaciones a causa de razones tales como la raza, el sexo, la edad o cualquier otro aspecto que implica una discriminación ilegal. Sin embargo de acuerdo con Grote (2002), esta afirmación es falsa sobre la base de los nuevos datos aportados por diversas investigaciones.

De acuerdo con el autor antes señalado, la mayor parte de las investigaciones señalan que las evaluaciones del Desempeño son rara vez sesgadas discriminatoriamente en base a los criterios antes señalados. Para soportar esta afirmación, el autor menciona a Landy y Farr quienes revisaron todas las principales investigaciones en materia de Evaluación del Desempeño realizadas en los Estados Unidos durante los últimos treinta años, como resultado de lo dicho, estos investigadores pudieron determinar lo siguiente:

➢ Sexo: No existe un efecto consistente de la variable "Sexo" sobre las apreciaciones obtenidas en las Evaluaciones del Desempeño.

➢ Raza: Se pudo determinar una tendencia en los supervisores a proporcionar mayores calificaciones a los trabajadores de su mismo grupo étnico, pero la diferencia que pudo ser demostrada fue solo de alrededor de un 2%, lo cual no es significativo para la gestión de recursos humanos.

➢ Edad: Se analizaron dos investigaciones que exploraron la influencia de la edad sobre las evaluaciones. Solo una de ellas encontró que los supervisores más jóvenes eran menos indulgentes que los mayores.

- Educación: Un único estudio demostró que el nivel educativo del supervisor posee algún efecto en la manera en que este valora a sus trabajadores. Sin embargo en opinión de Landy y Farr estos resultados no poseen importancia práctica.

- Evaluación de los compañeros: Landy y Farr rechazaron la postura que asume que los compañeros de trabajo suelen ser más severos que los supervisores cuando se evalúan entre sí, ya que tres distintas investigaciones demostraron que los supervisores son de hecho menos indulgentes. Sin embargo otras dos investigaciones también confirmaron que las evaluaciones de los supervisores suelen ser más consistentes que las de los compañeros.

- Existen dos razones básicas principales por las cuales los sujetos suelen considerar que las evaluaciones que han recibido son inadecuadas:
  - Personas a las cuales no se les ha dado a conocer su Desempeño o que simplemente no han sido evaluadas antes, tenderán a referir que han sido discriminadas injustamente si luego de mucho tiempo se llevan a cabo revisiones más objetivas en cuanto a su labor y se encuentra cualquier debilidad (lo cual es muy posible que ocurra, ya que no se ha aplicado un sistema adecuado de Gestión del Desempeño, por lo cual muchas debilidades no podían haber sido corregidas previamente).
  - Las personas en general, casi siempre tienden a considerar que poseen un mejor Desempeño del que se les atribuye, por lo cual suelen explicar las diferencias de criterio en función a un sesgo en la valoración del supervisor antes que reconocer una debilidad inherente a su propio Desempeño.

3. ASPECTOS QUE DEBEN ORIENTAR UN PROCESO DE EVALUACIÓN DEL DESEMPEÑO

Cuando se establece un sistema de Evaluación del Desempeño es importante tomar en cuenta toda una serie de aspectos de los cuales dependerá el éxito de dicho proyecto. El primer punto a ser considerado será el enfoque por el cual se establecerán los criterios de medición, esto estaría íntimamente ligado a los propósitos que motivan la realización de tal esfuerzo. En segundo lugar deben establecerse los parámetros de clasificación dentro de las variables consideradas, y luego es necesario un procedimiento apropiado que permita manejar toda la información necesaria de manera eficiente y segura.

Por otra parte, de acuerdo con lo dicho por Farmer (2004), todo plan efectivo de Evaluación del Desempeño debe cumplir con los siguientes requisitos:

➢ Lograr mejorar la comunicación bidireccional entre el directivo y el trabajador.

➢ Debe establecer una asociación entre la paga y el Desempeño laboral y los resultados obtenidos.

➢ Debe proveer un enfoque estandarizado para medir el Desempeño.

➢ Debe ayudar a los trabajadores a mejorar en su Desempeño, permitiendo que obtengan una comprensión adecuada de sus responsabilidades y de las expectativas que posee la Gerencia en cuanto a su labor.

Igualmente cabe destacar que el mismo autor refiere la necesidad de que toda Evaluación del Desempeño, deba ser administrada de forma tal que se logren evitar las sorpresas, esto implica la existencia de una comunicación continua entre el trabajador y su supervisor a fin de que el Desempeño se revise permanentemente, con lo cual se logra que el trabajador posea un conocimiento adecuado en cuanto a su propio Desempeño para el momento en que se lleve a cabo la entrevista para la evaluación definitiva.

Por otra parte el autor al que se ha hecho referencia, considera que a través de la evaluación continua, puede evitarse el error en que suelen incurrir los evaluadores cuando realizan una sola medición anual, ya que estos terminan por apoyarse en su memoria para emitir las apreciaciones con respecto a lo que fué la labor de cada individuo durante largos periodos de tiempo. Este hecho conlleva a la posibilidad de serios errores y a que se registren solo aspectos del trabajo que fueron resaltantes en el lapso inmediatamente anterior a la revisión efectuada.

En correspondencia a lo dicho, de acuerdo con Blanchard y Johnson (2001) es imprescindible que todas las acciones resaltantes, tanto positivas como negativas, sean detectadas en el preciso momento en el que ocurren, es decir, cada vez que el trabajador alcance un logro importante o cometa una falla significativa, el supervisor debe conversar sobre ello con su trabajador, no solo para evitar errores producto de opiniones generalizadas; sino también, a fin de brindar reforzamiento verbal en caso que la conducta sea apropiada, y en caso contrario; ofrecer una reprimenda.

El procedimiento antes mencionado, permite ofrecer reconocimiento inmediato y pertinente, basado en conductas específicas y no solo en una variable de Desempeño anual que puede ser difícil de definir operacionalmente, además de ser difícilmente entendida por los trabajadores. Por otra parte, de esta forma se puede moldear efectivamente el comportamiento de los individuos en el ámbito laboral, al existir una correspondencia temporal entre el estímulo reforzador o el represor y la conducta objeto de moldeamiento.

Es importante destacar que el autor antes mencionado le proporciona un gran énfasis a la necesidad de detectar las conductas apropiadas de forma inmediata, ya que muchas organizaciones se construyen para atrapar a las personas cuando llevan a cabo una acción inadecuada, sin embargo, lo primordial es atrapar a los trabajadores cuando estos hacen lo correcto, y así poder brindar reconocimiento en el momento oportuno y potenciar la excelencia en el Desempeño.

Por otra parte existe una serie de aspectos que Farmer (2004), considera deben ser tomados en cuenta como preparativos al establecimiento de un proceso de Evaluación del Desempeño y que deben ser incluidos en el mismo. De forma tal que toda Evaluación del Desempeño deberá cumplir con lo siguiente:

1. Todas las responsabilidades de aquellas posiciones a ser evaluadas deben ser definidas apropiadamente.

2. Deben definirse los objetivos individuales del Desempeño y establecerse operacionalmente cuales resultados deben ser obtenidos en forma de indicadores medibles.

3. Debe definirse la prioridad o nivel de importancia que posee cada responsabilidad u objetivo.

4. Debe darse feedback continuo a través de la comunicación diaria con el empleado, lo cual se resume y se discute al menos cada tres meses.

5. El Desempeño continuo debe ser registrado.

6. Debe proveer retroalimentación por parte de los compañeros, clientes y subordinados de los trabajadores.

7. Debe permitir desarrollar un plan de mejoramiento y seguimiento para ayudar al trabajador a cumplir con las expectativas que se tienen de él.

8. Debe incluir una agenda programada de mejoramiento.

9. Debe proveer al trabajador la posibilidad de llevar a cabo una auto-evaluación.

10. Debe pensar en base a las áreas de desarrollo potencial para el trabajador.

De igual forma el anterior autor, considera que se requiere que como parte de la entrevista de evaluación, se establezcan los objetivos de Desempeño futuro, a partir de los cuales habrá de medirse el Desempeño en el siguiente periodo a ser evaluado, igualmente deberán establecerse consensualmente los criterios de medición a ser utilizados para su cuantificación.

Cabe igualmente acotar que de acuerdo con Blanchard (2005), un liderazgo efectivo también es requerido para que la Evaluación del Desempeño tenga éxito, ya que según él, en cualquier ocasión en la que se pretenda influenciar los pensamientos y las acciones de otros para que estos alcancen determinados objetivos o lleven a cabo ciertas tareas, está teniendo lugar un liderazgo.

Sobre la base de las consideraciones preliminares y a fin de dar respuesta a los señalamientos planteados en cuanto a los requisitos con los cuales debe cumplir un proceso para gestionar el Desempeño de los trabajadores, se procura dar respuesta a cada aspecto estableciendo los principios que deben regir el proceso descrito para que este sea realmente efectivo.

4. GESTIONAR EL DESEMPEÑO: MÁS QUE UNA SIMPLE EVALUACIÓN.

Al momento de llevar a cabo una Evaluación del Desempeño debe acotarse que tal vez el enfoque más apropiado en este sentido no sea el de una simple medición, sino el establecimiento de un verdadero proceso de Gestión del Desempeño, lo cual representa todo un sistema de funcionamiento integrado y continuo por medio del cual se mejora y sostiene el Desempeño humano en la organización (Dubois y Rothwell, 2004). Dicho proceso suele ser visto en tres fases básicas a saber:

- **Planificación**.

    En primer lugar para cumplir con la fase de planificación, lo que se hace es identificar aquellas expectativas que se poseen en cuanto al Desempeño del trabajador, esto debe hacerse en forma conjunta entre el supervisor y su supervisado. En este punto se establecen los siguientes aspectos:

    ➤ Objetivos de Desempeño Individual.

    ➤ Competencias Medulares.

    ➤ Competencias Específicas.

- **Coaching**.

    En una segunda fase que puede llamarse guía o tutoría, se lleva a cabo un seguimiento continuo del Desempeño del trabajador a todo lo largo del periodo contemplado en el ciclo, con la intención de proporcionar feed-back en cuanto a los logros progresivos a medida que estos van siendo alcanzados.

- **Revisión**.

    En tercer lugar se realiza la revisión definitiva del Desempeño al final del periodo, por medio de una comparación exhaustiva entre el Desempeño real y el esperado; a fin de establecer las tendencias de la actuación del trabajador e identificar las áreas que representan fortalezas y debilidades en el Desempeño. Con esto se hace posible desarrollar un plan de acción que permita implementar estrategias para el mejoramiento del rendimiento laboral.

En este mismo orden de ideas, de acuerdo con Gubman (2000), cuando se requiere lograr obtener el máximo Desempeño de los trabajadores y los mejores resultados como organización, el manejo del Recurso Humano debe orientarse hacia una "Gestión del Talento", esto implica que la médula de la gerencia está en orientar a las personas hacia la planificación estratégica que se tiene de la Organización, pues de hecho los empleados no están separados del negocio, por el contrario, ellos son en realidad el negocio mismo.

Para corroborar lo dicho debe agregarse que el Recurso Humano es realmente lo que proporciona singularidad a toda organización, pues de hecho, cualquier otra cosa incluyendo recursos económicos, tecnología o información, pueden ser reproducidos por otras Instituciones, mientras que nadie puede replicar al personal; por lo tanto es ese activo, representado por el cúmulo de talento presente en todos los trabajadores, lo que representa la verdadera riqueza e identidad de la Institución.

Gubman (2000) refiere que para lograr alinear a las personas y a la estrategia organizacional, todos los empleados necesitan poseer un conocimiento adecuado sobre cuatro elementos básicos que buscan responder a una serie de preguntas, todo lo cual se refiere a continuación:

> Planificación Estratégica y Metas Organizacionales: ¿En qué dirección va la organización?

> Procesos: ¿Qué se encuentra haciendo la Organización para llegar al sitio que ha planificado?

> Responsabilidades de Equipo e Individuales: ¿Qué debe hacer cada persona para poder contribuir?

> Incentivos: ¿Qué obtiene cada persona como consecuencia de haber contribuido con el alcance de las metas de la Organización?

A partir de lo antes dicho, puede verse el papel preponderante que juega la Gestión del Desempeño y el manejo de la información a nivel de todos los miembros de la Organización. De igual manera cabe destacar que es imprescindible que se realicen esfuerzos apropiados para que todo el personal de la Institución conozca la planificación estratégica, así como el diseño explícito de los procesos que se aplican para el logro de dicha planificación. A partir del mencionado conocimiento, el personal recibirá la asignación de responsabilidades específicas relacionadas con determinados procesos, con lo cual se podrá llevar la estrategia institucional al nivel de competencia de cada trabajador.

En este mismo orden de ideas el autor antes señalado considera que para poder conectar a la estrategia con la gente, y así lograr lo dicho en párrafo anterior, se requiere de tres principios claves, de alguna forma paralelos a las fases mencionadas al principio de este apartado, pero que en este caso se presentan de la siguiente forma:

- Alineamiento: referido al direccionamiento que se le dá a la gente a fin de orientar el talento humano, las prácticas administrativas y las interacciones hacia el plan estratégico de la Organización.
- Compromiso: lo cual tiene que ver con el proceso de fomentar el involucramiento pleno de los trabajadores con el propósito de la Institución. Esto implica hacer que la gente se sienta motivada a hacer lo que se requiere de ellos y que lo haga dentro de un ambiente de trabajo adecuado.
- Medición: lo que implica proporcionar métodos procedentes para registrar de manera continua, la manera en que se encuentra el Desempeño individual y organizacional, a fin de asegurar el logro de los objetivos deseados. Esto es de gran relevancia ya que las personas necesitan saber constantemente el nivel de su contribución con la organización para así poder estar impulsada hacia el mejoramiento.

5. LA GESTIÓN DEL DESEMPEÑO DESEADO

Es importante entender que el Desempeño es una variable comportamental, es decir; se manifiesta a través de conductas. De aquí podemos deducir que para su manejo es posible aplicar los mismos principios que regulan el comportamiento humano, solo que en este caso se encuentran referidos al ámbito laboral. Por lo tanto, a continuación se desglosan los aspectos que están asociados al Desempeño y a su gestión, los cuales son considerados por Blanchard y Otros (2002) como los puntos fundamentales del mismo, de igual forma se refuerza este contenido con el apoyo adicional de Ardila (2002) quien explica el proceso por el cual se moldea el comportamiento humano:

> **Activador: Establecimiento de las pautas de Inicio.**

Es aquel estímulo que indica el inicio del comportamiento o Desempeño esperado. Viene comúnmente representado por los Objetivos de Desempeño Individual que se establecen para poner en marcha las acciones de los trabajadores. El aspecto más importante en cuanto a este punto es la claridad que estos deben poseer, ya que su definición tiene que ser perfectamente entendida por el supervisor y por los trabajadores; de forma tal, que exista absoluta correspondencia entre lo que el supervisor espera de sus subordinados, y lo que estos últimos consideran que deben lograr. Este aspecto se corresponde con lo que Ardila (2002) denomina estímulo discriminante, el cual antecede a la manifestación de una conducta y representa un desencadenante de la misma durante el proceso de Aprendizaje (Cambio Conductual).

> **Comportamiento: conducta laboral.**

Constituye el Desempeño que se dá y que tiene lugar en la realidad. Uno de los aspectos más importantes que atañe al comportamiento concreto del personal, es establecer un procedimiento adecuado de observación y registro por medio del cual, se exploren las acciones emprendidas por el trabajador y los resultados alcanzados por el mismo. De igual forma según Ardila (2002) la conducta como tal del sujeto, viene a ser el verdadero objeto de los esfuerzos de moldeamiento adelantados por el ente gestionador del Desempeño, el cual en este caso es la Institución.

> **Consecuencia: ¿Qué obtiene el trabajador?**

La consecuencia viene dada por la respuesta que la organización emite ante el Desempeño alcanzado por el trabajador. Dicha respuesta pueden tener un carácter diverso, dependiendo de si el trabajador ha efectuado o no, aquello que se esperaba de él. De acuerdo con Ardila (2002) las consecuencias son de hecho las que posibilitan que un comportamiento aumente o decrezca en su frecuencia de ocurrencia, fundamentándose en lo dicho por los principios del condicionamiento operante. Por lo tanto está es una fase muy importante, de la cual dependerá en buena medida, que el Desempeño futuro del trabajador llegue a ser el deseado.

A continuación se lleva a cabo una explicación más detallada en cuanto al significado y aplicación de los tres aspectos antes mencionados.

5.1. EL ACTIVADOR: ESTABLECIMIENTO DE LAS PAUTAS DE INICIO.

Esta parte coincide con lo que Grote (2002) llama el "Planeamiento del Desempeño", lo cual implica que al inicio del periodo que será considerado dentro de la evaluación, el trabajador y su supervisor se reúnen para conversar y llegar a un acuerdo en cuanto a aquellas cosas que deben ser alcanzadas por el supervisado durante el tiempo contemplado. Este acuerdo debe incluir tanto el diseño de los objetivos y de los resultados concretos que esperan obtenerse, como el establecimiento de las competencias que la organización espera de todos sus miembros y las que específicamente se requieren para el logro de tales objetivos.

5.1.1. ESTABLECIMIENTO DE OBJETIVOS

De acuerdo con lo dicho por Parkinson (2003), la Evaluación del Desempeño es un **"proceso de revisar objetivos operacionales, como los logros pasados, y establecer metas de Desempeño a futuro" p.97** a la luz de la anterior definición, puede evidenciarse la gran importancia que posee la planificación en base a objetivos dentro de todo el proceso de Evaluación del Desempeño, lo cual explica que se introduzca este apartado como una parte preponderante para un sistema de Gestión del Desempeño.

Reyes (1996) define a los objetivos como **"Los fines que nos proponemos... aquello que se pretende obtener en toda operación o actividad" p.29**. Los objetivos a su vez se asocian al concepto de "Resultados". Los objetivos vienen dados por el inicio del proceso, por lo cual implican *a priori* los medios a utilizar y el camino a recorrer; los resultados en cambio, vienen dados por medidas muy concretas de calidad, cantidad, utilidad, etc. Todo lo cual implica el fin del proceso, por lo tanto las organizaciones se trazan objetivos a fin de alcanzar resultados. Sin embargo de acuerdo al autor anterior, en realidad los resultados y los objetivos se encuentran tan ligados que en términos prácticos pueden llegar a utilizarse indiferenciadamente a fin de hacer su uso más funcional.

Otro término profundamente enlazado con lo que son los objetivos es el de "Salidas", el cual es equivalente a lo que el Departamento de Planificación Estratégica y Operativa (2005) considera como "Metas". A su vez, estas son definidas por Dubois y Rothwell

(2004) como los bienes o servicios producidos por un individuo, equipo u organización, los cuales son luego suministrados a terceros (clientes internos o externos). Por otra parte, el autor menciona que para que los trabajadores sean capaces de producir estas "Salidas", deben desempeñar una serie de Tareas. Las Tareas se definen como: unidades mínimas de trabajo con un principio, un durante y un fin determinados. La suma de un conjunto de Tareas culminadas es una "Actividad".

Toda actividad debe generar una salida o meta, en este sentido puede decirse que los trabajadores producen los resultados deseados realizando las tareas y a su vez actividades necesarias. Sin embargo, para que esto sea posible de forma tal que el trabajador cumpla o exceda los requerimientos de salidas o resultados esperados, debe poseer ciertas características en cuanto a pensamiento, emoción y conducta adecuadas a fin de que su labor, cumpla con los niveles de calidad exigidos dentro del ambiente organizacional.

Las características antes mencionadas son llamadas "Competencias", lo cual puede evidenciarse en la definición que la OIT ofrece sobre ellas, a saber: **"idoneidad para realizar una tarea o desempeñar un puesto de trabajo eficazmente por poseer las calificaciones requeridas para ello"** (OIT/Cinterfor, 2004). Lo dicho permite establecer una relación causal por demás evidente, ya que solo si los sujetos poseen las competencias adecuadas, podrán realizar las actividades apropiadas para alcanzar los resultados esperados, produciendo las salidas que el cliente necesita.

Sin embargo el tema de las Competencias será tratado con mayor detalle más adelante; por ahora, es necesario destacar la relevancia del establecimiento de objetivos y metas en el proceso impulsador del Desempeño, esto conlleva necesariamente a una valoración en cuanto a su ingerencia como elemento motivacional. En este sentido Molina (1999), considera que existen cuatro procesos primordiales asociados a la motivación, los cuales son: emoción, dirección, intensidad y persistencia.

El autor antes mencionado añade que la distancia existente entre los objetivos y su alcance, puede ser un factor relevante en la emoción y en la dirección del comportamiento; mientras que la importancia que se le adjudica al objetivo y su compromiso con este, inciden sobre la intensidad y sobre la persistencia del factor motivacional. Todo lo cual implica que el establecimiento de objetivos puede incitar a las personas a: realizar mayores esfuerzos en el trabajo, a centrar su atención en los aspectos más importantes, a desarrollar estrategias efectivas y a demostrar persistencia ante las dificultades.

Dicho autor también agrega que las investigaciones organizacionales confirman, que los trabajadores que se trazan objetivos adquieren la noción de que todas sus acciones poseen un propósito, por lo cual tienden a esforzarse mucho más y a lograr mejores resultados que aquellos que no lo hacen. Sin embargo para que esta efectividad sea posible, es necesario establecer objetivos individuales, ya que estos resultan más motivadores que las metas generales.

En este respecto, Blanchard (1998) ha considerado de suma importancia que los objetivos individuales sean enlazados apropiadamente con los objetivos estratégicos de la Organización, e incluso también deben orientarse en función de su efecto dentro del entorno mayor, conformado por la sociedad en la que cada Institución se encuentra inmersa. El propósito de lo dicho, es que los trabajadores puedan identificarse con la misión estratégica institucional y con la manera en que esta puede afectar positivamente más allá de los muros de su sitio de trabajo.

En relación a esto, dicho autor refiere que es imprescindible lograr que los trabajadores asimilen la importancia del alcance de los objetivos que se les han asignado, como parte de un logro general que permitirá un beneficio significativo y duradero a la organización y a todo su entorno social. Esto poseyó notable aplicabilidad en el caso de la Universidad donde primero utilizamos este sistema, la cual es una Institución encargada de formar a una gran parte del capital humano que ha de regir el destino de la nación.

Dicha misión debe ser asimilada por todos los miembros de la Institución, quienes a la vez necesitan entender la manera en que su labor cotidiana se enlaza con los objetivos estratégicos, haciendo que la meta que buscan alcanzar sea una que "valga la pena", no solo para el trabajador mismo sino para todas las personas que lo rodean. Cuando los trabajadores se identifican con los objetivos y valores de la Institución se comienzan a comportar como si fuesen dueños de la misma, mientras son capaces de comprender que su propio beneficio está íntimamente asociado al beneficio que obtiene la organización por sus servicios.

Lo dicho, es también corroborado por Reyes (1996) quien afirma que, mientras mayor sea el nivel de conocimiento que posea el trabajador en cuanto a los propósitos finales con los que se enlaza un objetivo y la manera como este ha de representar un beneficio significativo para la organización, será igualmente mayor el nivel de seguridad y de energía que este emplea en la búsqueda de resultados.

Por lo tanto, los trabajadores deben comprender desde un inicio cuales son los objetivos que busca la Institución para la que trabajan y la manera en que pueden contribuir para el logro de los mismos. En este respecto debe aclararse durante el proceso de establecimiento, que los objetivos individuales requieren estar cuidadosamente enlazados con los distintos niveles de planificación: Estratégica, Táctica y Operativa.

Por otra parte, Blanchard y Johnson (2001), han establecido una serie de pasos para ser tomados en cuenta al momento de establecer objetivos individuales, los cuales ellos llaman "Objetivos de un Minuto". Tales pasos deben ser cumplidos durante la entrevista preparatoria para la Evaluación del Desempeño, por lo que se enumeran a continuación:

> Establecer un acuerdo en cuanto a los objetivos que se busca lograr.

> Apreciar lo que debería ser una adecuada conducta en torno al logro de dicho objetivo; es decir, deben establecerse los estándares del Desempeño esperados.

> Escribir cada objetivo en una sola página utilizando un máximo de 250 palabras para cada uno.

> Lo ideal es incluir entre 3 y 6 objetivos únicamente.

> Leer y re-leer cada objetivo, lo cual puede ser hecho en alrededor de un minuto.

> Tomarse el tiempo para revisar periódicamente el Desempeño del trabajador.

> Verificar si la conducta diaria corresponde al logro del objetivo.

En relación con estos aspectos pueden añadirse las recomendaciones suministradas por Reyes (1996), quien refiere las siguientes reglas que deben seguirse al momento de establecer los objetivos específicos:

➤ Los objetivos deben establecerse por escrito: esto se debe a que es la única forma de garantizar la precisión de los mismos y su plena comprensión por parte de los implicados en su cumplimiento. Si los objetivos se asignan de forma oral pueden producirse fácilmente malas interpretaciones y se dificulta llevar a cabo cualquier corrección futura en cuanto a su delineación.

➤ Cada objetivo debe fijarse de forma separada: implica que cada objetivo debe incluir una cosa de las que se quiere realizar, es decir en su redacción no deberían existir varios objetivos en una sola frase, lo cual luego puede dificultar su medición.

➤ Debe pre-determinarse la fecha en que el Objetivo debe ser logrado: siempre deben utilizarse fechas concretas y no términos ambiguos sobre tiempo, tales como: "lo antes posible". De esta forma, para los fines de su seguimiento, deben calcularse conciente y realistamente las fechas topes de consecución de cada objetivo, las cuales suelen coincidir con las fechas en las que finalizan los respectivos periodos considerados en la evaluación periódica. Igualmente, deben considerarse las posibles fechas de cumplimiento parcial de un objetivo a fin de llevar a cabo las valoraciones preliminares.

➤ Cada objetivo debe ser definido de manera clara, específica y precisa para cada uno de los implicados en su alcance: esto debe verificarse con sumo cuidado en el momento del establecimiento de los objetivos, ya que el logro efectivo de los mismos, dependerá de cual sea la comprensión que han adquirido los responsables por los procesos.

➤ Deben ser pocos: es difícil sino imposible, mantener la atención focalizada en un gran número de objetivos diversos; por lo cual para poder ser efectivo se requiere establecer prioridades y trazar primero solo aquellos objetivos asociados a las áreas más neurálgicas desde el punto de vista estratégico.

➤ <u>Todo objetivo debe ser alcanzable y a la vez desafiante</u>: si a las personas se les asignan objetivos que son demasiado difíciles de alcanzar, se puede terminar por producir desanimo en los trabajadores, debido a la frustración resultante de no ser capaz de alcanzarlo. Lo dicho puede llegar a cercenar la iniciativa individual provocando en el sujeto una pobre percepción sobre sí mismo y sobre sus habilidades. Lo dicho se traduce en que la persona sufre una reducción en su Autoeficacia, es decir, puede dejar de concebirse a sí mismo como capaz de afrontar los desafíos que le plantea el entorno (Bandura, 1987).

   o Por otra parte, de acuerdo con el autor antes citado, si a las personas se les asignan objetivos demasiado sencillos, su Autoeficacia tiende igualmente a disminuir, ya que este tipo no desafiante de objetivos, no provocan en la persona la sensación de logro significativo debido a que son muy fáciles de alcanzar.

   o Por lo dicho se concluye que lo más recomendable es el establecimiento de objetivos que estén al nivel (ni muy por debajo, ni muy por encima) de los conocimientos, habilidades y destrezas de los sujetos, de forma tal que les permitan poner en práctica todo su potencial.

➤ <u>Los Objetivos Específicos deben ser cuidadosamente enlazados con la planificación estratégica, táctica y operativa</u>: esta parte es particularmente importante ya que es la única vía por la que se garantiza que los logros alcanzados por el trabajador poseen relevancia para la organización como un todo. Debe destacarse que en muchas ocasiones este punto es pasado por alto por los trabajadores al momento de realizar la planificación de su labor, dicha conducta termina por desvincular a los miembros de la organización provocándose la formación de islas funcionales donde cada sector trabaja de manera independiente.

5.1.2. LA ESTRUCTURA "MEDIR"

Para el autor de este trabajo existe una estructura base que resulta de gran utilidad como referencia inicial, a fin de ayudar al personal que se avoca al diseño de objetivos a recordar los principios que debe seguir. Dicha guía se fundamenta en la estructura "MEDIR", la cual se esquematiza a continuación:

OBJETIVOS BAJO LA ESTRUCTURA *"MEDIR"* *Por Antonio Cordero (2005)©*	
M	MEDICIÓN
E	ESPECIFICIDAD
D	DELIMITACIÓN EN EL TIEMPO
I	INDICADORES SOBRE RESULTADOS
R	REALIZABILIDAD

- Medición: cada objetivo debe ser asociado a la noción de medición, es decir, debe existir una unidad de medida cuantitativa que sirva para representar el nivel de avance en la ejecución o logro del objetivo que está siendo planificado.

- Especificidad: el establecimiento de los objetivos debe hacerse de manera tal que suprima cualquier ambigüedad, ya que la claridad con la que el objetivo se define, es un factor determinante sobre la manera en que los trabajadores son capaces de comprenderlo y de ponerlo en práctica. De igual forma, es necesario que cada objetivo se establezca como uno solo sin incluir una variedad de objetivos en el mismo. Esto no implica que haya que desglosarlo en actividades, sin embargo, se espera que exista suficiente claridad en cuanto a qué es lo que se espera lograr y que no se produzca una confusión con otros objetivos.

- Delimitación en el tiempo: los objetivos deben ubicarse en un espacio de tiempo claramente señalado, lo cual es imprescindible para su concreción y desarrollo. Por lo tanto, deben planificarse las fechas estimadas para su inicio y su culminación.

- Indicadores sobre resultados: el fin de un objetivo es el logro de unos resultados; estos como ya se ha dicho, deben ser cuantificables y dicha cantidad también debe ser planificada, es decir; debe definirse cuantos elementos de la unidad de medición deben producirse para que pueda considerarse que el objetivo ha sido alcanzado de manera apropiada.

- Realizabilidad: como ya se ha mencionado, es importante que cada objetivo sea realizable, es decir; la persona responsable por su alcance necesita contar con los recursos necesarios para ello. Lo dicho incluye los recursos financieros, materiales, humanos y personales, idóneos para que la planificación del Desempeño sea viable en su ejecución.

5.1.3. LOS VALORES ORGANIZACIONALES.

De acuerdo con Viktor Frankl (2001) todos los seres humanos se encuentran en la búsqueda de un propósito para sus vidas, un elemento fuera de sí mismos que les permita encontrarle sentido a sus existencias. Dicho propósito les proporciona un "para qué", una razón que sirve como marco de referencia en la actuación y que orienta a aquellos que la poseen para seguir adelante en la vida, aún cuando al hacerlo deban enfrentar las más difíciles situaciones.

Con lo dicho, este autor se refiere al Sentido Existencial, el cual termina por ser un valor, algo muy importante, una meta última a la cual se dedica la mayor devoción en la búsqueda de un logro. Las cosas más importantes para los individuos se convierten en sus valores. Ante cada decisión ese valor sirve para elegir entre las diversas opciones, por lo tanto, sus valores le dicen al sujeto cual es la opción correcta, qué debe hacerse y qué no. Más allá de las normas, los valores pueden regular la conducta efectivamente.

De acuerdo con Blanchard y O´Connor (1997), los principios antes mencionados se aplican igualmente a las organizaciones, ya que estas necesitan la presencia de aquellos elementos que orienten su existencia, sirviendo de guía a su funcionamiento; lo cual se demuestra a través de un compromiso real y continuo con ellos en cada una de sus acciones, de ahí que **lo primordial para todas la personas y organizaciones es tener claro qué es lo más importante.**

Este autor continúa explicando, que dentro de esta acción por la cual se determinan cuales son los valores, deben tomarse en cuenta tres aspectos básicos que se consideran como actos centrales de la vida humana. El primero es el de realizar, el cual implica el logro de metas más allá de la diaria supervivencia, de forma que se pueda alcanzar el éxito en determinadas áreas para sentirse mejor, en otras palabras, este acto se fundamenta en "hacer para ser".

En segundo lugar, está el acto de conectar, el cual habla acerca de la necesidad intrínsecamente humana de experimentar un contacto continuo con otras personas, lo que ofrece la oportunidad a cada quien, de invertir en la propia vida y en la vida de los otros y de compartir su tiempo y sus capacidades con las personas que le son más cercanas. Lo dicho se traduce en el principio de "estar con otros para ser".

El aspecto antes mencionado es particularmente importante, ya que muchas veces las personas llegan a pensar que todo lo que importa en la vida es el acto de realizar y lo mismo pueden creer las organizaciones, moviéndose siempre hacia el siguiente triunfo o el siguiente trofeo, olvidando que en realidad lo que mejor explica el sentido de la vida es el servicio que se le ofrece a otras personas, ya que ellas son lo que verdaderamente posee valor en la vida.

En tercer y último lugar se encuentra la integración, lo cual implica la combinación de los dos aspectos anteriores. Dicha combinación conlleva a definir o redefinir los objetivos y valores, a fin de utilizarlos en la labor cotidiana de una manera significativa para el propio individuo o la organización, para las personas que lo rodean y para su entorno en general.

De acuerdo con el autor antes mencionado, los valores Organizacionales deben ser una parte fundamental de la Institución en todos sus niveles, sin embargo, el establecimiento de los mismos en la cultura organizacional, implica un proceso complejo; en este respecto cabe destacar que ello envuelve el trabajo directo con los trabajadores, ya que las organizaciones no se pliegan a valores, son las personas las que lo hacen. El proceso para comprometer a los miembros de la Institución con los valores organizacionales incluye la consecución de los siguientes pasos:

5.1.3.1. CLARIFICAR LOS VALORES DE LA INSTITUCIÓN.

Para esta parte se requiere entender que el proceso debe ser uno caracterizado por la colaboración de todos los miembros de la Organización, por lo cual se requiere de su participación. Igualmente debe recalcarse que **los verdaderos dirigentes en la Institución no son las Presidentes o Rectores sino los Valores Institucionales.** Esta fase igualmente debe subdividirse en los siguientes pasos, los cuales han resultado de la adaptación de la información ofrecida por Blanchard y O'Connor (1997):

- o Obtener la aprobación de las Autoridades para la puesta en práctica del proceso, tomando como basamento los valores que ya han sido establecidos por las mismas.
- o La Dirección de Recursos Humanos se encarga de aportar sus propias ideas sobre la manera en que los valores de la Organización se aplican el trabajo cotidiano de su personal.
- o El Consejo Técnico Administrativo aporta sus ideas con respecto a la manera en que los valores de la organización se aplican el trabajo cotidiano del personal.
- o De las dos consideraciones anteriores se lleva a cabo un solo informe donde se consolidan los resultados para ser presentados a la comunidad de trabajadores, lo cual incluye por supuesto a los empleados y obreros.
- o Se le solicita al personal de cada Dependencia que emita dentro de un tiempo pre-establecido, una consideración con respecto al informe emitido en cuanto a los valores.
- o Cada Dependencia selecciona un trabajador que funge como representante, el cual se encarga de dar a conocer en una mesa de trabajo las consideraciones del personal a cuyo nombre, asiste. En esta mesa de trabajo se debe llegar a una conclusión general.
- o Verificar los resultados con clientes y beneficiarios de los servicios de los trabajadores universitarios, incluyendo en lo que sea posible, a cualquier otro interesado significativo.

5.1.3.2. DAR A CONOCER LA MISIÓN Y LOS VALORES DE LA INSTITUCIÓN.

En esta parte se requiere la implementación de estrategias apropiadas de divulgación masiva, para el establecimiento de la planificación estratégica Universitaria como parte de la cultura Institucional. Para tal fin es útil cualquier pauta de divulgación por medios impresos, o audiovisuales; así como la realización de jornadas especiales efectuadas con este propósito.

Para Blanchard y O´Connor (1997), toda la información ofrecida debe estar orientada a enfatizar cuan importante es que la labor diaria de todos los trabajadores esté enlazada con una misión y unos valores apropiadamente definidos, lo cual podrá provocar que muchas cosas cambien positivamente en diversos ámbitos, incluyendo en el área laboral, en el área de las relaciones entre los trabajadores e incluso en el plano personal.

Sin embargo, debe enfatizarse que el verdadero éxito en el proceso de divulgación y establecimiento de los valores de la Institución no es provocado por el hecho de pregonar dichos valores de forma insistente, sino a través del ejemplo, poniéndolos en práctica constantemente. Dicha acción debe ser iniciada primeramente por los principales líderes de la Institución, quienes deben modelar a través de su propio comportamiento y de sus decisiones, aquello que se espera de los trabajadores.

Los resultados que se obtienen cuando los valores gobiernan una Institución son alentadores, ya que una vez que las acciones de todos se direccionan en hacia el alineamiento en cuanto a valores compartidos y se unen en una misión común; aún aquellos trabajadores con características aparentemente no destacables pueden llegar a alcanzar logros más allá de lo esperado.

5.1.3.3. ALINEAR LAS PRÁCTICAS COTIDIANAS AL CUMPLIMIENTO DE LA MISIÓN Y LOS VALORES.

Esta es la parte más importante del proceso por el cual la Organización comienza a funcionar en base a sus valores. Ya que una vez que se posee una definición apropiada en cuanto a la aplicación de los valores y está ha sido dada a conocer, la organización debe asegurarse de que sus propias prácticas estén conformes con los principios que se han fijado como pautas del comportamiento, por medio de un sistema de gestión que permita que los principios establecidos formalmente sean asimilados efectivamente por sus miembros.

5.1.4. ESTABLECIMIENTO DE LAS COMPETENCIAS

Grote (2002) Considera que las competencias son todos aquellos elementos del Desempeño que correlacionan con una ejecución laboral superior y que son un factor predictivo del éxito del trabajador dentro de la organización. El término competencia puede incluir en este caso atributos, habilidades, destrezas, conocimientos, cualidades y talentos.

Por otra parte, se ha escogido la siguiente definición que ha sido adaptada a partir de la ofrecida por Dubois y Rothwell (2004) la cual será la definición que servirá de referencia principal para el presente trabajo: Características empleadas por los individuos de manera apropiada y consistente con el fin de alcanzar el Desempeño esperado. Dichas características incluyen conocimientos, habilidades, destrezas, conceptos sobre la autoimagen, motivaciones sociales, patrones de pensamiento, esquemas mentales, características de personalidad y maneras de pensar, sentir y actuar.

De acuerdo a lo planteado por Miles (2003) existen tres categorías o dominios que representan la clasificación más importante dada a las competencias, dichas categorías han sido completadas por el autor del presente trabajo, por lo que se les ha añadido una dimensión más, todo lo cual se presenta a continuación:

- Conocimientos: el dominio que incluye aquellos hechos e información general que ha sido memorizada, la cual requiere ser recordada durante la realización de las actividades implicadas en la consecución de un objetivo.
- Destrezas: es el dominio donde se ubica la coordinación psicomotora y la capacidad de los sujetos de llevar a cabo actividades físicas como parte de su Desempeño laboral.

- Habilidades: es el dominio que incluye la capacidad de los sujetos de realizar funciones intelectuales aplicando los conocimientos que posee a hechos concretos.

- Actitudes: se refiere a las variables psicológicas implicadas en el trabajo, especialmente en la escala emocional y relacional.

Un ejemplo... A fin de ilustrar los conceptos antes expuestos puede mencionarse el caso de una secretaria que pone en práctica toda una serie de competencias para poder cumplir con su función de digitalizar los documentos de su departamento, en tal sentido y como ejemplo puede decirse que ella necesitaría contar con las siguientes competencias:

- **Conocimiento:** Normas de Ortografía y Redacción en el idioma castellano.
- **Destreza**: Empleo veloz del teclado para escribir palabras.
- **Habilidad**: Capacidad para redactar documentos de manera coherente y apropiada.
- **Actitud**: Actitud hacia la colaboración y el servicio a otros.

Sin embargo, de acuerdo con Peón (2002) existen seis categorías de competencias, las cuales poseen un nivel de profundidad que aumenta progresivamente, con lo cual cada categoría se hace más difícil de identificar, pero a la vez se torna más determinante al momento de diferenciar un Desempeño superior. Las categorías a las que se hace referencia son de la manera siguiente yendo de menor a mayor profundidad:

- **Habilidades**: cosas que la persona sabe hacer de manera correcta.
- **Conocimientos**: las cosas que una persona sabe en cuanto a tema determinado.
- **Rol social**: representa la imagen que la persona proyecta hacia su entorno social, por lo que identifica la manera en que otros la perciben. Está asociado con los valores de la persona.
- **Auto-Imagen**: implica la imagen individual que la persona construye sobre sí misma. Incluye las variables asociadas con la identidad y el autoconcepto.
- **Rasgos**: características de la personalidad que son generalmente estables en el tiempo.

- **Los motivos**: incluye las pulsiones internas que son la base del comportamiento ya que son el fundamento y el porqué de su ejecución.

Al revisar la lista anterior puede entenderse claramente el hecho de que las competencias de menor profundidad (Conocimientos y Habilidades) son fácilmente desarrollables, sin embargo las de mayor profundidad (Auto-imagen, Rasgos de personalidad y Motivaciones) son difícilmente alterables en el entorno laboral ya que son mayormente producto de toda la experiencia de vida de las personas, especialmente durante etapas más tempranas de su desarrollo evolutivo y en base a su interacción con todo su entorno social y familiar, por lo tanto, estas deben ser minuciosamente estudiadas durante el proceso de selección de nuevos trabajadores.

5.1.4.1. COMPETENCIAS MEDULARES.

De acuerdo con Grote (2002) los mejores sistemas de Gestión del Desempeño incluyen una serie de competencias que la Organización espera que la totalidad de sus miembros posean y demuestren a través de su trabajo. En otras palabras, todo aquel que devenga un pago a partir de la Institución necesita contar con estas competencias, sin importar el puesto que ocupa o el nivel en el que se encuentra dentro de la estructura organizacional.

El establecimiento de tales competencias es un desafío importante, ya que estas habrán de variar significativamente de una organización a otra, aún cuando ambas se orienten a la búsqueda de un objetivo paralelo o similar. De acuerdo con Dubois y Rothwell (2004) la Cultura Corporativa es un patrón básico de credos aprendidos por el grupo durante el proceso de solución de problemas, por el cual se intenta conseguir la adaptación externa y la integración interna, dicho patrón debe haber funcionado suficientemente bien como para ser considerado válido por todo el conjunto de personas.

Es evidente que la Cultura Corporativa influye notablemente sobre los comportamientos que se consideran adaptativos dentro del entorno organizacional y que suelen llevar al éxito dentro del mismo, además incide sobre los criterios en base a los cuales se determina qué es exitoso y qué no lo es; debido a esto, el perfil de competencias medulares debe ser diseñado adaptándose a la realidad específica de cada organización.

Por otra parte, como ya se ha dicho en la parte dedicada al área de los Valores Organizacionales, estos son los que deben gobernar el funcionamiento de la Institución; por lo tanto, todos los trabajadores requieren ser capaces de alinear su comportamiento hacia su cumplimiento. Sin embargo, para poder llevar esto a cabo los trabajadores necesitan contar con capacidades y competencias directamente relacionadas con el cumplimiento de cada valor.

Lo dicho conlleva a que aquellas competencias que todos los trabajadores deben poseer para que su comportamiento pueda estar alineado a los valores de la Organización, se identifican precisamente con las mencionadas Competencias Medulares. Por lo cual, luego de haberse definido con claridad la aplicación de los valores al ámbito laboral, deben establecerse cuales son las competencias que todos ellos necesitan para alinearse con esta definición y cuales son los indicadores comportamentales que servirían para identificar la presencia de cada factor (Proceso de Operacionalización de las Variables).

Las competencias a ser establecidas por este procedimiento provienen por lo general de los cuatro niveles de mayor profundidad en los que se ubican las variables, ya que las competencias de menor profundidad suelen estar asociadas a una mayor especificidad del puesto, sin embargo, lo dicho no es una regla sin excepciones y puede haber posiciones específicas para las cuales se requiera de competencias de diverso tipo.

5.1.4.2.Competencias por Área Laboral

Las competencias de este tipo son las mismas descritas por Grote (2002) como las "Competencias de Familias de Puestos". Dicho concepto se refiere a aquellas competencias que aplican a ciertos tipos o ciertas áreas de trabajo, por lo cual; siendo que se pueden manejar en una multiplicidad de puestos, solo son empleables en el caso de un grupo en particular. Para el caso de la Universidad donde esto se implementó originalmente (exceptuando al personal docente) existen las siguientes clasificaciones básicas que son de utilidad al momento de establecer tales competencias, obviamente cada organización puede adaptar estos datos a su propia realidad:

- Personal Administrativo Supervisorio.
- Personal Administrativo Profesional.
- Personal Administrativo Técnico.
- Personal Administrativo de Apoyo y Secretarial.
- Personal Obrero Supervisorio.
- Personal Obrero.

Para el establecimiento de los perfiles de competencias inherentes a cada uno de los sectores mencionados previamente deberá seguirse el siguiente procedimiento, el cual surge luego de adaptarse las recomendaciones realizadas por Grote (2002):

➢ **Procedimiento de Lista Base y Selección Forzosa**

- **Se obtiene una lista de las competencias que serán empleadas como matriz inicial.** Dicha lista puede ser derivada de las propuestas de los autores consultados en esta área o de una de las tantas listas que se ofrecen en el mercado de publicaciones. Lo importante tiene que ver con que sea lo suficientemente exhaustiva y amplia como para servir de basamento inicial.

- **Se establece con seguridad que la lista base posee todas las competencias posibles necesarias.** Para tal fin es importante contar con la opinión de diversas personas clave del negocio o representantes conocedores de cada uno de los niveles a ser estudiados, a fin de que estos puedan añadir cualquier elemento adicional que pueda resultar de utilidad. No omita ninguna posibilidad.

- **Elaborar descripciones basadas en el Desempeño Superior.** Debe hacerse una descripción de la manera en que una persona que posee un Desempeño superior pondría en práctica la competencia en cuestión. La idea en este punto no es llevar a cabo una definición conceptual de lo que es la competencia; lo que se requiere es identificar el tipo de acciones que serían emprendidas por una persona cuya capacidad dentro la competencia estudiada se encuentre muy por encima del promedio.

- **Se evita el solapamiento o choque de descripciones.** Cada descripción de Desempeño Superior debe estar asociada a una sola competencia, es decir, no deben existir comportamientos que se encuentren ligados a varias competencias al mismo tiempo.

- **Se hace una selección de las competencias finales.** En esta parte un grupo de la Alta Gerencia de la Organización (Para el caso de LUZ se sugiere a los miembros del Consejo Técnico Administrativo), se encarga de determinar cuales son aquellas competencias que pueden considerarse como verdaderamente importantes en base a los valores de la Institución y a su aplicación previamente aprobada. Para tal fin cada gerente participante la otorga una calificación a las competencias de la lista.

- **Se efectúa una comparación de las decisiones tomadas por cada individuo.** Las decisiones tomadas por cada gerente participante son reflejadas en un cuadro resumen donde se aprecia la calificación que cada uno le ha otorgado a la competencia en cuestión.

- **Se establece un consenso.** El cuadro resumen se coloca a la vista de todos participantes y se descartan aquellas competencias que evidentemente fueron colocadas en la menor clasificación por la mayoría de los participantes, luego se trata de llegar a un consenso definitivo con los casos más difíciles. Debe recordarse que la lista definitiva no debe constar de un muy amplio número de competencias, se recomienda por lo general unas 7 competencias, ya que esto facilita centrar la atención en aquello que es lo más importante.

- **La lista de Competencias es publicada y utilizada.** Debe darse una comunicación masiva de las competencias definitivas, lo cual ocurre igualmente con las competencias que fueron extraídas a partir de los Valores Institucionales.

5.1.4.3. COMPETENCIAS ESPECÍFICAS

Las competencias específicas son denominadas también como técnicas o del puesto y vienen dadas por las características que los sujetos requieren poseer para poder cumplir con los Objetivos de Desempeño Individual que son su responsabilidad particular. En este orden de ideas Dubois y Rothwell (2004) definen este tipo de competencia como la capacidad de un trabajador para al menos cumplir, sino superar, los requerimientos de su puesto, produciendo las salidas o resultados a un nivel esperado de calidad dentro de los límites del entorno organizacional. Por lo tanto, la Institución necesita determinar las competencias específicas o técnicas requeridas para el caso de sus propios trabajadores y sobre la base de las necesidades de cada cargo en particular.

De acuerdo con los autores antes mencionados, existe una serie de pasos necesarios para poder definir e implementar un sistema de Gestión del Desempeño en base a competencias, sin embargo, lo primordial en este sentido es **definir cual es el trabajo que se requiere sea hecho y cuales son las competencias requeridas para su cumplimiento.** Para los fines dados, lo primero que se pretende es, como ya se ha dicho, definir las salidas o los resultados específicos que se espera sean alcanzados por el trabajador, considerando que estos deben estar debidamente alineados con los objetivos estratégicos de la organización.

Por lo tanto, debe llevarse a cabo una revisión exhaustiva a fin de eliminar de la lista de objetivos individuales, cualquier asunto que no represente un aporte significativo a nivel estratégico, lo cual lo hace injustificado. Una vez que se han establecido los objetivos que son verdaderamente significativos tanto para la organización como para el trabajador, deben precisarse los comportamientos básicos que se requieren para lograr el objetivo planteado y las competencias específicas que el trabajador debe poseer y utilizar apropiadamente a fin de ser capaz lograr los resultados esperados.

> ➢ **PROCEDIMIENTO PARA EL ANÁLISIS DE COMPETENCIAS ESPECÍFICAS.**

En esta parte puede utilizarse un procedimiento parecido al señalado al mencionado cuando se habla acerca de las competencias para las áreas de trabajo (procedimiento de "Lista base y Selección Forzosa"). Para tal fin se ha diseñado una lista de competencias referenciales las cuales pueden utilizarse como "Lista Base". En este caso la diferencia fundamental estaría en el grupo que se encargará de seleccionar tales competencias, para tal fin lo primordial sería designar a los mejores trabajadores, destacados por su Desempeño dentro de cada área y a sus supervisores.

La selección del grupo de trabajadores se llevará a cabo por medio de la valoración hecha a su labor, en base a los resultados alcanzados con su trabajo. De manera que debe levantarse un inventario de competencias para cada cargo que sea producto de la participación de aquellos trabajadores que poseen un Desempeño superior en el mismo. Es importante aclarar que debe siempre distinguirse el Desempeño "Superior" del Desempeño "Promedio", ya que es el primero el que debe servir como referencia para toda la organización.

Sin embargo, otra manera apropiada en que este trabajo puede implementarse, es a través de la realización de las Entrevistas de Eventos Conductuales (Behavioral Event Interview), las cuales permiten identificar claramente las competencias que los sujetos que poseen un Desempeño superior, despliegan a fin de lograr resultados exitosos en su trabajo (Sapre, 2002). Dichas competencias son evidenciadas a través de la codificación de las conductas (Pensamiento, Emoción y Acción) inherentes a un propósito en particular.

5.2. EL COMPORTAMIENTO

Como ya se ha dicho, en esta área se ubica el Desempeño general que tiene lugar y que es demostrado por el trabajador, en el cual intervienen la acción misma de la persona, la labor de "coaching" o acompañamiento y seguimiento en el trabajo efectuada por el supervisor y las condiciones generales de trabajo propiciadas por la Organización. Por otra parte, este aspecto podría dividirse en tres fases específicas las cuales se incluyen en la explicación proporcionada por Grote (2002) dentro de lo que se considera es el modelo ideal a ser seguido por las organizaciones. Todo lo cual se explica a continuación:

5.2.1. EJECUCIÓN DEL DESEMPEÑO.

Esta fase posee diversas implicaciones de acuerdo con los distintos puntos de vista, para el trabajador esta fase envuelve cumplir con los objetivos que se le han asignado a través de la realización de todas las actividades requeridas para ello. En el caso del supervisor esta fase implica la creación de las condiciones laborales apropiadas, además de brindar seguimiento y corrección continua para que la labor del trabajador se mantenga dentro de lo esperado.

5.2.2. Observación y Registro del Desempeño.

La evaluación longitudinal es aquella que permite efectuar mediciones de un mismo sujeto a lo largo de un continuo de tiempo (Hernández y otros, 1998). Dicha valoración es la única que garantiza la detección de los cambios y de la evolución sufrida por el trabajador, así como permite un registro conductual con un mínimo margen de error.

Lo dicho representa una ventaja, ya que no se recoge una sola muestra del comportamiento del sujeto sino varias, con lo cual puede demostrarse si un comportamiento es característico del trabajador sobre la base de su estabilidad en el tiempo, todo lo cual resulta en un incremento de la precisión en las observaciones emitidas.

En ese mismo orden de ideas, puede decirse que por este medio se motiva al supervisor a realizar una observación continua de los progresos obtenidos por el personal a su cargo, ya que se hace el requerimiento de entrevistarse con cada uno en varias ocasiones a lo largo del periodo de evaluación.

En resumen, para este punto, puede decirse que la observación continua es la única manera de lograr una apreciación correcta acerca de los empleados, por lo tanto, todo supervisor debe estar al tanto de las acciones que ellos llevan a cabo constantemente y registrar los aspectos más significativos del Desempeño del trabajador que se evidencian en el día a día. Para tal fin ha de incluirse un formato de "Detección Continua de Fortalezas y Debilidades en el Desempeño", el cual debe ser llenado de forma periódica.

5.2.3. Retroalimentación Continua.

Por otra parte, en el transcurso del proceso, los trabajadores necesitan recibir un feedback también periódico en cuanto a su Desempeño, es decir, el supervisor debe informarles continuamente a sus subordinados acerca de sus avances en la labor ejecutada, incluyendo la mención de las competencias que despliegan para alcanzar sus objetivos.

Todo lo dicho es particularmente necesario ya que tiene por finalidad evitar que se presenten "sorpresas" en el momento de la entrevista final de evaluación, ya que de ocurrir esto, se pueden provocar reacciones defensivas en los trabajadores, especialmente si estos últimos consideran que los resultados obtenidos no les son favorables. En consecuencia, los resultados finales siempre deben ser soportados por el registro de la observación continua ya mencionado y no deberían existir serias contradicciones entre ellos.

5.2.4. REVISIÓN DEFINITIVA DEL DESEMPEÑO.

La Evaluación del Desempeño debe ser vista como una medición o valoración de la conducta humana, en este caso referida, al comportamiento de las personas dentro del contexto laboral y sobre la base de los propósitos planteados por una organización, la cual funciona como regente de un sistema que posee como objetivo integrador el cumplimiento de una misión.

Toda valoración de la conducta presenta una serie de obstáculos que es imprescindible subsanar, debido a que la categorización de las apreciaciones implica el uso de constructos que suelen tener un significativo nivel de abstracción. La medición de dichos conceptos solo es posible elaborando una lista de indicadores asociados con el mismo, que puedan ser detectados en una conducta observable.

Un ejemplo de este hecho sería el constructo "Desempeño sobresaliente". Para la medición de este aspecto se requiere, primero que nada, de la elaboración de una definición conceptual que delimite desde el punto de vista teórico el alcance que este tiene como variable. Acto seguido, se requiere la selección de indicadores, que no son otra cosa, que aquellos comportamientos observables cuya detección y registro permite demostrar la presencia o ausencia de la variable en cuestión.

El proceso por el cual la presencia de los indicadores antes mencionados es demostrada y registrada se denomina Definición Operacional (Hernández y otros, 1998), ya que, de alguna forma, esta transforma un concepto abstracto en una realidad capaz de ser medida por medio de la concreción de operaciones tangibles.

Para los fines de lograr lo antes expuesto, este sistema de Evaluación del Desempeño se fundamenta en dos principios básicos de medición de la conducta laboral: la identificación, ponderación y evaluación del Desempeño demostrado a través de los comportamientos que el sujeto despliega y que se encuentran asociados a las competencias que se espera que el trabajador posea y el nivel con que el trabajador logra alcanzar los objetivos que se han trazado para su puesto.

5.2.4.1. CARÁCTER GRUPAL DEL PROCESO.

Otro punto que vale la pena destacar está relacionado con el carácter grupal que debe poseer la Evaluación. El criterio primordial que subyace este hecho es la búsqueda de la participación de todos los beneficiarios del proceso. Dicha participación, aunque suele incrementar el nivel de complejidad en los procedimientos aplicados, representa una ventaja desde el punto de vista de los propósitos reales de la Evaluación.

Lo dicho es cierto en especial para los efectos de la confianza en los evaluados en los resultados obtenidos. Es un hecho demostrado que el feed-back proporcionado de forma grupal, tiene una potencia mayor en cuanto a su influencia sobre el comportamiento de los sujetos, en comparación con las apreciaciones que surgen de un solo facilitador o líder de grupo.

La resistencia al cambio es un fenómeno ampliamente estudiado y cuya influencia en las organizaciones resulta una amenaza continua, pues las imposibilita para efectuar los ajustes que les permitan adaptarse a las nuevas realidades de un entorno en constante transformación. Uno de los puntos que suele convertirse en un escollo de los procesos de evaluación, es precisamente la resistencia al Aprendizaje (Cambio de Conducta), debido al bajo nivel de credibilidad, que en ocasiones estos poseen a los ojos de los evaluados.

Dado el hecho que este proceso está orientado a servir como catalizador de cambios comportamentales, que impliquen el mejoramiento del Desempeño Laboral, se hace imprescindible reducir a un mínimo la resistencia al cambio y lograr que los sujetos consideren la necesidad de tomar acciones concretas en función a   resultados respaldados por una amplia credibilidad.

Por otra parte, el hecho en sí mismo de participar, le otorga al sujeto un importante sentido de pertenencia con el proceso ya que este deja de percibirlo como una acción aislada de su entorno inmediato o que se realiza a sus espaldas, sobre las bases de consideraciones individuales de algún sector de la organización. Por el contrario, la Evaluación pasa a ser catalogada con el título de: "Nuestro Proceso", por tener todos, la prerrogativa de aportar información complementaria al mismo.

Son muchos los temores con respecto a una evaluación del Desempeño que se alimente de información aportada por todo el equipo de trabajo, sin embargo, dentro de lo recomendado para esta propuesta está, como ya se ha dicho; la participación complementaria. Para tal fin se ha desarrollado un inventario de competencias enfocadas únicamente a la labor del trabajador como parte de un equipo, dejando la responsabilidad por esta parte a sus compañeros.

La solución a la que se ha se hace referencia representa solo parcialmente un modelo de 360 grados, ya que el peso verdadero de las apreciaciones se encuentra dentro de la interacción Trabajador / Supervisor, sin embargo, es muy importante que se reflejen de alguna manera las consideraciones emitidas por las personas que más interactúan con el sujeto.

5.2.4.2. RESPONSABILIDADES.

La puesta en práctica de la Evaluación del Desempeño es una responsabilidad de línea y una función de Staff. Es decir, la responsabilidad de su ejecución recae sobre los supervisores inmediatos de una sección, departamento o dirección junto a su equipo de trabajo, mientras que la Dirección de Recursos Humanos a través de su Departamento de Evaluación y Desarrollo de Carrera, cumple con la función de orientar el proceso, estableciendo sus objetivos y evaluando el logro de los mismos. Es del supervisor y de su equipo de trabajo, de quienes depende en última instancia que se alcancen los objetivos que se han planteado en este ámbito.

5.2.4.3. LA ENTREVISTA DE EVALUACIÓN

De acuerdo con lo dicho por Domeyer (2005b), existe una serie de pautas importantes que deben seguirse para el momento de la entrevista definitiva, en la cual el trabajador y su supervisor harán una revisión de los resultados obtenidos en la evaluación efectuada y establecerán las pautas para la continuación del proceso en el futuro.

Dicho autor, considera que nada de lo que se diga durante una evaluación formal debería producir sorpresa en los trabajadores, ya que, si se ha estado proporcionando retroalimentación continua en cuanto al trabajo, el personal ya debe poseer una noción adecuada con respecto a sus propias fortalezas y debilidades sobre la base de la comunicación continua que ha tenido lugar. Además de esta recomendación existen otras que deben ser enumeradas a continuación y que deben ser tomadas en cuenta al momento de llevar a cabo la entrevista:

➢ **Incentive la participación del trabajador durante la entrevista.** Los trabajadores se sienten menos ansiosos en cuanto a este encuentro con el supervisor si perciben que sus puntos de vista son tomados en consideración. Por lo tanto, suele ser útil incluir una auto-evaluación con la finalidad de revisar las opiniones del trabajador sobre su propia labor antes de iniciar la discusión. De esta manera se logrará mostrarle al trabajador que sus perspectivas en cuanto al trabajo son valoradas y al mismo tiempo se podrán añadir aquellos logros del trabajador que puedan haber sido pasados por alto previamente.

➢ **Ofrezca solo críticas constructivas.** Para muchos supervisores la parte más difícil de las evaluaciones del Desempeño viene cuando es tiempo de hablar en cuanto a las áreas que requieren ser mejoradas, la recomendación en esta parte sería ser descriptivo limitándose a realizar un análisis de la conducta específica que debe ser mejorada, evitando las ambigüedades, así como las críticas dirigidas a etiquetar a la persona en cuanto a lo que ella es. Todo debe quedar claro para evitar interpretaciones improcedentes.

➤ **Brinde la oportunidad de responder:** De igual forma debe permitírsele a la persona que ofrezca su opinión, a fin de aclarar las circunstancias específicas que podrían haber causado algún resultado fuera de lo esperado. Con lo cual se busca comprender mejor las acciones del trabajador, así como aquellas cosas que podrían mejorarse para posibilitar su mejor rendimiento, tales como los recursos materiales, financieros y humanos necesarios, entre otros.

➤ **Discuta sobre las maneras de mejorar el Desempeño futuro:** entre las recomendaciones pueden incluirse acciones tales como acciones de adiestramiento y establecer tutorías por parte de compañeros para la adquisición o mejoramiento de ciertas competencias, entre otros. Igualmente, el trabajador debe tener la oportunidad de aportar sus opiniones en cuanto a posibles soluciones.

➤ **Planifique el Desempeño futuro:** las reflexiones no solo deben hacerse en cuanto al Desempeño pasado, debe aprovecharse la oportunidad para establecer junto con el trabajador los objetivos de Desempeño individual que serán seguidos a futuro. Tales objetivos deben ser realistas pro a la vez deben ser desafiantes para el trabajador.

➤ **Entregue una copia:** el trabajador debe llevarse una copia impresa de su Evaluación del Desempeño, incluyendo los nuevos objetivos establecidos para el siguiente periodo. De esta forma podrá revisar por sí mismo el avance alcanzado con respecto a los objetivos planteados.

5.3. LA CONSECUENCIA

Como ya se ha dicho, las organizaciones responden de diversas maneras ante el Desempeño de los trabajadores, la elección de dicha respuesta es muy importante, y debe hacerse cuidadosamente; de forma tal que se consiga con ello, emplear estrategias que permitan fomentar aquellos comportamientos que tienen lugar conforme a lo esperado, y reducir la frecuencia de ocurrencia de aquellas otras acciones que puedan resultar en perjuicio para la organización y para el propio trabajador. En este sentido de acuerdo con Blanchard y Otros (2002), pueden enumerarse cuatro tipos de respuestas básicas, a saber:

5.3.1. Ausencia de Respuesta:

Esta suele ser una de las consecuencias más comúnmente recibidas por los trabajadores. Es lo que usualmente ocurre cuando el Desempeño del trabajador se encuentra dentro de lo esperado, a lo cual las organizaciones acostumbran no prestar atención alguna. Asumir esta postura conlleva a que la organización sea incapaz de ejercer fuerza modeladora alguna sobre el Desempeño individual y acarrea desmotivación en los trabajadores.

5.3.2. Respuesta Negativa:

Esta es la respuesta más usual de las organizaciones cuando el comportamiento del trabajador no se encuentra dentro de lo esperado. En el ambiente organizacional puede incluir una mirada llena de ira, una amonestación verbal o escrita, u otro tipo de sanción. Se ha demostrado que es también la técnica menos efectiva para moldear el comportamiento, ya que implica la noción de castigo. El castigo es un tipo de estímulo que puede inhibir al sujeto para emitir nuevos comportamientos en el futuro. Si se aplica de forma indiscriminada, el individuo termina por no saber como responder y se suprime toda iniciativa hacia la acción. El sujeto castigado en repetidas ocasiones puede emitir conductas de evitación, las cuales se asocian con sentimientos de temor y de aprehensión en su relación con el entorno, además de la manifestación de una actitud defensiva.

5.3.3. Redireccionamiento:

Es útil en el moldeamiento del comportamiento de las personas, ya que funciona también a nivel cognitivo. Puede emplearse esta técnica ante situaciones donde el sujeto ha emitido un comportamiento no deseado, ya que busca re-encauzar a la persona hacia el Desempeño esperado y a la vez mantiene el respeto y la confianza dentro de la relación trabajador – supervisor. Por otra parte, requiere de una aplicación adecuada en manos del supervisor inmediato del trabajador, orientándose al cumplimiento de los siguientes pasos:

- <u>Describir el error o el problema lo más pronto posible, claramente y sin buscar culpables.</u>

De acuerdo con Blanchard y Johnson (2001) cuando se trabaja con una conducta inadecuada, es muy importante que la persona no sienta que se la está recriminando a ella, sino a su conducta. **No es lo mismo lo que somos y lo que hacemos**, así que el supervisor debe ser cuidadoso en no dañar el valor y la estima de la persona, de lo contrario su Desempeño se verá desmejorado. Por lo tanto, el supervisor debe limitarse a ser descriptivo en cuanto a la conducta inadecuada, sin utilizar ningún adjetivo o actitud tendiente a lesionar la estima del individuo.

Es importante recalcar que esta intervención debe hacerse con la mayor inmediatez posible, luego de haber tenido lugar la acción que busca ser corregida. Por otro lado, debe evitarse cualquier tipo de ambigüedad en la descripción, de lo contrario podrían presentarse confusiones en cuanto al mensaje que pretende ser comunicado.

- <u>Mostrar como este problema representa un impacto negativo para los procesos de la organización.</u>

El trabajador debe comprender las consecuencias insatisfactorias que su acción ha acarreado o podría acarrear para la organización.

- <u>De ser el caso, el supervisor debe asumir su cuota de responsabilidad.</u>

Los supervisores son muchas veces responsables por no haber explicado con la suficiente claridad lo que se esperaba del trabajador, además existen muchas otras maneras en que dicho supervisor pudiera tener parte de la responsabilidad en que los resultados no hayan sido los esperados. En ese caso es imprescindible que el supervisor mismo lo reconozca ante el trabajador, **lo cual no implica una pérdida de autoridad**, al contrario, de esta forma el supervisor podrá aliviar la tensión del encuentro y podrá fortalecer su relación con el trabajador.

- <u>Revisar nuevamente los objetivos planteados, en detalle y cerciorándose de que el trabajador ha comprendido muy bien.</u>

Deben repasarse los objetivos iniciales, revisando la manera en que el trabajador los comprende; una manera muy efectiva de cerciorarse es solicitando que el trabajador ofrezca por sí mismo, una explicación en cuanto a los objetivos que debe alcanzar. Por otra parte, se requiere constatar la pertinencia del objetivo original y si debe realizarse algún cambio sobre el mismo.

- Expresar fe y confianza en la persona.

Es importante que el trabajador sienta que se le tiene confianza y que se le estima dentro de la organización. Debe recordársele, además, acerca de su potencial y de las razones por las que el supervisor piensa que este posee la capacidad necesaria para lograr las metas propuestas; de esta forma el individuo se sentirá motivado a responder en función a la confianza que se ha depositado en él y tenderá a un mayor aprovechamiento de sus potencialidades a fin de alcanzar las tareas que se le han encomendado.

5.3.4. Respuesta Positiva.

Equivale al concepto de reforzamiento de acuerdo a lo propuesto por Ardila (2002). En este caso se refiere a aquellas consecuencias que reciben los trabajadores cuando su Desempeño corresponde a lo esperado por la Organización, la cual se encarga de brindar una respuesta satisfactoria para el sujeto. Es la manera más poderosa y beneficiosa de moldear el comportamiento, ya que busca incrementar la frecuencia de ocurrencia de aquellas conductas que implican un aporte para el logro de los objetivos de la Institución. De forma tal que debe hacerse énfasis primario en este tipo de consecuencia.

Se propone en este trabajo, que ante cada objetivo logrado que haya alcanzado superar de manera sobresaliente las expectativas de resultados que se había señalado al momento de la planificación; se utilice la Técnica de la recompensa inmediata de un minuto (Blanchard y Johnson, 2001), por la cual los supervisores deben ser entrenados para encargarse de descubrir a los trabajadores cada vez que ellos estén realizando una acción efectiva.

De forma tal que el sujeto deberá recibir una "Ficha de reconocimiento" en el preciso momento en el que la conducta se está llevando a cabo y en la cual queda por escrito el motivo por el cual dicha ficha de reconocimiento ha sido otorgada. Este procedimiento permite dejar en claro la razón específica del reconocimiento con lo cual se fortalecen solo aquellas conductas que son apropiadas y que benefician a la Organización.

Por otra parte, cuando existe un mayor espacio de tiempo entre la recompensa (Refuerzo) y la conducta que espera ser reforzada, la potencia del reforzamiento se reduce significativamente. (Ardila, 2002). Por lo tanto, es muy importante lograr la mayor inmediatez posible en la aplicación del refuerzo. Con cada otorgamiento de las fichas de reconocimiento se realizará un registro acumulativo en el sistema informático, dejando el impreso para el expediente del trabajador. Al final del periodo se contabilizarán las fichas de reconocimiento y se cotejarán los totales con los resultados obtenidos en la Evaluación.

Bibliografía

Ardila, Ruben (2002). *Psicología del Aprendizaje*. México DF: Siglo XXI Editores.

Bandura, Albert. (1987). *Pensamiento y acción: Fundamentos sociales*. Barcelona: Ed. Martinez.

Blanchard, Ken; O´Connor, Michael (1997). *Administración por Valores*. Bogotá: Editorial Norma.

Blanchard, Ken (1998). *¡A la Carga! Gung Ho!*. Bogotá: Editorial Norma.

Blanchard, Kenneth; Johnson, Spencer (2001) *El ejecutivo al minuto*. México D.F.: Grijalbo Mondadori, S.A

Blanchard, Kenneth; (2005) *Senior Leadership's Impact on Organizational Performance*. Ignite! - online newsletter from The Ken Blanchard Companies. Febrero. Documento [URL] http://www.kenblanchard.com/ignite/ignite_volume2_2005.html

Blanchard, Ken; Lacinak, Thad; Tompkins, Chick; Ballard, Jim (2002). *Bien Hecho*. Bogotá: Editorial Norma.

Departamento de Planificación Estratégica y Operativa (2005) *Manual para el diseño del Plan Operativo 2006*. Maracaibo: Dirección General de Planificación Universitaria de la Universidad del Zulia.

Domeyer, Diane (2005a) *Planning for performance reviews I*. Women in Business Magazine. American Business Women's Association. January-February.

Domeyer, Diane (2005b) *Planning for performance reviews II*. Women in Business Magazine. American Business Women's Association. March-April.

Dubois, David; Rothwell, William (2004) Competency-Based Human Resource Management. Palo Alto CA: Davies-Black Publishing.

Farmer, Juliet (2004*). How to get the most from Performance Reviews*. Magazine of Physical Therapy, November.

Frankl. Víctor (2001). Ante el Vacío Existencial. Barcelona: Ed. Herder.

Grote, Dick (2002) *The Performance Appraisal Question and Answer Book: a Survival Guide For Managers*. New York: American Management Association

Gubman, Edward (2000). *El Talento como Solución*. Bogotá: Mc Graw Hill Interamericana Editores S.A.

Hernandez, Roberto; Fernández, Carlos y Baptista, Pilar. (1998). Metodología de la Investigación. México DF: Ed. Mc Graw Hill.

Lemaire, Katie ; Reissman, Larry (2002) *Managing Performance: Achieving Outstanding Performance Through a "Culture of Dialogue"*. Hay Group Inc.

Miles, David (2003). *The 30-Second Encyclopedia of Learning and Performance—A Trainer's Guide to Theory, Terminology, and Practice*. New York: American Management Association

Molina, Henry (1999). *Establecimiento de Metas, Comportamiento y Desempeño*. Revista Estudios Gerenciales. New Orleans: Universidad ICESI. Septiembre.

Monreal, Jesús (1999*). Competencias Profesionales: Enfoques y Modelos a Debate*. DONOSTIA-SAN SEBASTIÁN: CIDEC. Centro de Investigación y Documentación sobre problemas de la Economía, el Empleo y las Cualificaciones Profesionales.

OIT/ Cinterfor (2004). Competencias Laborales. Documento [URL] Organización Internacional del Trabajo: http://www.ilo.org/public/spanish/region/ampro/cintefor/temas/complab/xxxx/esp/index.htm

Parkinson, Mark (2003). *Aplicación de la Psicología en los Negocios*. México DF: Mc Graw Hill Interamericana Editores S.A.

Peón, Arturo (2002). *Desarrollo de Competencias Ejecutivas*. Wilmington Delaware: Hay Group. Presentación de Power Point en Conferencia.

Quezada, Humberto (2002). *Competencias Laborales*. Q+M Consultores Asociados. http://qmasociados.netfirms.com

Reyes, Agustín (1996). *Administración por Objetivos*. México DF: Editorial Limusa.

Rosenbaum, Bernard (1986). *Como motivar a los empleados de hoy*. México DF: Mc Graw Hill de México S.A.

Sapre, Atul (2002) *Competency Based Interviewing –The Behavioral Event Interview Program Faculty. Tata Management Training Center*. Transcripción de conferencia. Documento URL [www.assessmentindia.com] 6 al 8 de Junio.

Valle, Isel (2006) *Competencias Laborales: Una alternativa de desarrollo organizacional. Curso Empresarial*. Documento [URL] http://www.mailxmail.com/curso/empresa/competenciaslaborales 21 de Abril.

Vargas Zuñiga, F. (2004). *40 preguntas sobre competencia laboral*. Montevideo: Cinterfor/OIT (Papeles de la oficina técnica, 13)